¿Pourquoi?
Comment?
ERPI

Les insectes

Un livre Dorling Kindersley
www.dk.com

Édition originale publiée en Grande-Bretagne en 2002
par Dorling Kindersley Limited, sous le titre :
Eye Wonder : Bugs

Pour l'édition originale

Écrit et dirigé par Penelope York
Direction éditoriale Sue Leonard
Conseiller Paul Pearce-Kelly

Pour l'édition française

Responsable éditorial Thomas Dartige
Suivi éditorial Anne-Flore Durand
Réalisation de l'édition française
ML ÉDITIONS, Paris, sous la direction
de Michel Langrognet
Traduction Marine Bellanger
Suivi éditorial Giulia Valmachino
Correction Christiane Keukens-Poirier

5757, RUE CYPIHOT
SAINT-LAURENT (QUÉBEC)
H4S 1R3

www.erpi.com/documentaire

Dépôt légal – Bibliothèque et Archives nationales
du Québec, 2009

Dépôt légal – Bibliothèque et Archives
Canada, 2009

ISBN 978-2-7613-3025-1
K 30251

Imprimé en Italie
Édition vendue exclusivement au Canada

Sommaire

Ah ! ces insectes…

Les insectes sont des arthropodes, c'est-à-dire des invertébrés à squelette externe. On connaît plus de 1 million d'espèces d'insectes arthropodes, mais il en existerait en réalité plusieurs millions. En voici quelques exemples.

Figés dans le temps

Nous savons que les insectes existent depuis plus de 40 millions d'années, parce que certains ont été saisis dans de l'ambre, une substance qui a conservé leurs corps.

Thorax

Tête

Abdomen

Qu'est-ce qu'un insecte ?

Un insecte est un invertébré dont le corps est divisé en trois segments : la tête, le thorax et l'abdomen.

À retenir

● Les larves de la mouche *Psilopa petrolei* habitent dans les mares naturelles de pétrole.

● Certains moucherons résistent à l'eau bouillante !

● Des collemboles supportent des températures glaciales, mais ils meurent de chaud si on les attrape.

Qu'est-ce qu'un myriapode ?

Impossible de compter à l'œil nu les pattes d'un myriapode (ou mille-pattes) : cet insecte rampant possède une multitude de segments et de pattes !

Qu'est-ce qu'un arachnide ?

Les arachnides ressemblent à des insectes, mais ils ont huit pattes. Pour les différencier, il suffit de compter !

Qu'est-ce qu'un véritable insecte?

On appelle souvent insectes toutes les bestioles rampantes, sauteuses ou volantes, comme celles présentées dans ce livre. En fait, tout véritable insecte possède un long appendice buccal, avec lequel il aspire sa nourriture.

Sauteurs et rampants

Certains insectes sont rapides,
d'autres lents. Certains courent
et d'autres sautent. Mais ils ont
tous de bonnes raisons pour cela :
ils se sont adaptés à leur milieu,
car chaque obstacle exige un type
de mouvement différent.

Championne, la puce !
De tous les insectes, la puce détient le
record en saut. Ses pattes lui permettent
de sauter très haut, 600 fois par heure,
pendant trois jours, quand elle cherche
un hôte sur lequel se fixer.

Une sacrée coureuse

La cicindèle champêtre est la plus rapide : elle parcourt 1 m par seconde ! Grâce à sa vitesse, elle peut se déplacer sur les sols sableux et attraper d'autres insectes.

Hop ! Je fuis !

Si une sauterelle ou un criquet doivent fuir, ils font de grands bonds en avant grâce aux muscles très développés de leurs pattes.

Une sauterelle peut sauter 20 fois la longueur de son corps.

Pliez… détendez !

Certaines chenilles se déplacent sur les branches et les feuilles des plantes. Elles fixent leurs pattes arrière à l'aide de ventouses et poussent leur corps vers l'avant. Elles peuvent aussi grimper à la verticale.

Pas à pas

Les mille-pattes ont entre 10 et 375 paires de pattes. Elles leur servent à avancer en ondulant sur le sol. Leurs mouvements doivent être bien coordonnés pour que les pattes ne se heurtent pas.

7

Vole, vole !

Si les insectes sont de grands explorateurs qui peuvent aller n'importe où à leur gré, c'est parce que nombre d'entre eux ont des ailes. Les insectes volants en ont deux paires qu'ils utilisent de différentes façons. Ils sont tous de bons acrobates.

Le décollage

Les chrysopes vertes, aux ailes délicates, utilisent élégamment leurs quatre ailes. Elles actionnent chaque paire séparément, ce qui leur permet de virer aisément, et même de voler à reculons.

Gare aux ailes

Le papillon bat des ailes environ 5 fois par seconde. Elles sont fragiles, et il doit en prendre grand soin.

Rapide comme l'éclair !

Le petit syrphe peut battre des ailes plus de 1 000 fois par seconde. Il vole parfois si vite qu'on a du mal à le suivre des yeux. Il voltige, fait du surplace, puis s'éloigne très rapidement.

Balancier

Contrôle de vol
Les ailes postérieures
de ce diptère, en massues,
se sont transformées en un
balancier qui sert à l'équilibre
et à la coordination du vol.
Il permet aussi de rapides
changements de direction.

Une protection
Un coléoptère n'utilise qu'une
paire d'ailes pour voler. Ses ailes
antérieures (on les appelle des
élytres) durcissent et protègent
les ailes postérieures
au repos en les
couvrant comme
un bouclier.

L'INCROYABLE VOYAGE
Lorsque vient l'hiver dans les montagnes
Rocheuses d'Amérique du Nord,
le monarque migre sur 4000 km, vers
la Californie et le Mexique. Il couvre
130 km par jour, en groupes de
dizaines de millions d'individus qui
reviennent chaque année sur le même
arbre. On ne sait pas encore de quelle
façon ils se dirigent vers leur but.

Les sens aiguisés

Imaginons que nous puissions sentir avec les pieds
ou que nous ayons les yeux aussi grands que la tête.
Bizarre, non ? Les insectes ont des sens étonnants
qui leur permettent de se repérer.

Trouver son chemin...

Quelques insectes, comme ce
raphidophorien cavernicole,
vivent dans des lieux
si peu éclairés qu'ils ont
une mauvaise vue. Pour
se diriger, ils sont pourvus
de longues antennes
qui les empêchent
de se cogner aux
parois des grottes
qu'ils habitent.

Un odorat puissant

Ce papillon de nuit mâle a deux
antennes poilues qui lui permettent
de repérer l'odeur d'une femelle
à 11 km de distance.

Une question de goût

Ce papillon sent avec
ses pattes. Lorsqu'il
se pose sur une fleur
très parfumée, sa trompe
lui indique s'il peut
en sucer le nectar.

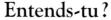

Entends-tu ?

Les insectes peuvent avoir
des oreilles sur n'importe
quelle partie du corps.
Cette sauterelle entend
avec ses genoux ! Des fentes sur
ses pattes lui permettent de capter
les appels de ses congénères.

Oh ! un monstre !
Les énormes yeux du taon
occupent presque toute
sa tête. Très sensibles,
ils font de lui une proie
très difficile à capturer.

11

Les carnivores

Les insectes sont si nombreux qu'ils constituent un vrai festin pour leurs innombrables prédateurs. Pourtant, ceux-ci doivent déployer d'incroyables astuces pour les capturer, et aussi pour les manger.

À l'affût !

La mante religieuse, camouflée dans les feuilles, attend longtemps sans bouger, ses pattes antérieures prêtes à frapper. Lorsqu'un insecte passe, elle l'attrape vivement et le porte à sa bouche.

Pris au piège !

L'araignée attend patiemment sur sa toile qu'un insecte s'y colle. Elle l'emmaillote alors dans de la soie pour l'immobiliser, lui injecte son venin et aspire ses entrailles.

La libellule vole longtemps pour saisir ses proies au vol.

Veux-tu une paille ?

Le réduve est une punaise perceuse et suceuse. Elle transperce le corps de sa proie et lui injecte de la salive pour ramollir ses entrailles et aspirer cette bouillie.

Restauration rapide

La demoiselle (ou æschne) est si habile et si rapide qu'elle saisit des insectes en vol. Elle les maintient avec ses pattes et les porte à ses puissantes mâchoires.

La mygale passe beaucoup de temps à l'affût de ses proies.

Toc ! Toc ! Qui est là ?

Cette espèce de mygale se tapit dans un trou garni de soie. Quand un insecte passe à sa portée, elle l'attrape et le dévore.

À retenir

● *Portia* agite la toile d'une autre araignée, comme si un insecte s'était pris au piège. L'araignée accourt pour se nourrir… et c'est elle qui se fait dévorer !

● La larve du fourmilion s'enterre dans un trou en entonnoir, la bouche ouverte. L'insecte qui passe tombe directement entre ses mandibules. Bon appétit !

Les végétariens

Beaucoup d'insectes ne se nourrissent que de plantes. Certains sont perceurs et suceurs, d'autres piqueurs et mâcheurs. Mais tous passent l'essentiel de leur courte existence à manger.

Une armée de mangeurs

Les chenilles sont des mâcheuses. Pour devenir adultes, elles mangent constamment, broyant de leurs dents et de leurs puissantes mâchoires les feuilles les plus dures.

Des repas liquides

Transformée en papillon, la chenille devient perceuse et suceuse. Elle se nourrit de liquide qu'elle aspire avec sa trompe, qu'elle utilise à la façon d'une paille.

Un dur labeur

Le bois semble difficile à mâcher, mais pas pour cette larve de lucane qui, jusqu'à l'âge adulte, mâche et remâche du bois mort pour le ramollir.

Lorsque les papillons sont rassasiés, ils enroulent leur trompe en rouleau bien serré.

Rien que des noisettes

Le balanin des noisettes
ne se nourrit que de noisettes.
Il les perce avec sa longue
trompe (le rostre), les fouille
avec les mandibules placées
à l'extrémité et en aspire
l'intérieur.

Ce balanin pond ses œufs dans les noisettes.

Coucou, c'est moi !

Même dissimulés dans les sous-bois, de nombreux insectes peuvent être facilement repérés. Mais d'autres se cachent bien ! D'astucieux camouflages aident certains à capturer des proies, d'autres à se protéger des prédateurs.

Le pouvoir des fleurs

Il n'y a là que de belles fleurs, n'est-ce pas ? À y regarder de plus près, une mante-fleur s'y cache. Elle peut changer de couleur et passer du blanc au rose, selon la fleur sur laquelle elle se pose.

Aïe ! Ça pique !

Les oiseaux ne se risquent pas à se poser sur des épines. Alors, pour ne pas être mangée, la punaise fait semblant d'être une épine. À condition de ne pas bouger !

Une feuille parmi les feuilles

Cette sauterelle ressemble tant au feuillage sur lequel elle est posée qu'elle passe inaperçue, car son dos simule les nervures des feuilles.

Dégoûtant !

Qui voudrait manger
cette déjection d'oiseau ?
Tant mieux pour le
grand porte-queue,
car c'est
sa chenille
camouflée !

Une brindille
en cache une autre

À première vue, la branche de
gauche est une simple brindille.
Parfait pour ce phasme, qui
ne sera pas découvert de sitôt !

PHALÈNES EN DANGER !

En Angleterre vivaient autrefois des
phalènes du bouleau, qui se posaient sur
l'écorce des arbres. À la fin du XIXᵉ siècle,
on constata que ces papillons s'étaient
assombris. En réalité, la fumée des usines
ayant noirci les arbres, les epèces
plus claires n'étaient
plus camouflées sur
leurs troncs foncés.
Seules survécurent
les espèces sombres,
invisibles aux yeux
de leurs prédateurs.

Faire le mort

Une de ces feuilles mortes, contre
toute attente, est bien vivante !
Un papillon de l'espèce Kallima
s'y cache, presque invisible.
Bien malin qui
le découvrira.

17

Signal d'alarme

Certains insectes préviennent leurs agresseurs qu'il vaut mieux ne pas les manger : «Gare à vous, tenez-vous au loin, c'est vous qui êtes en danger !» D'autres, s'ils ne peuvent éloigner les prédateurs, se déguisent.

Gare au serpent !

Ce serpent menaçant n'est en fait qu'une inoffensive chenille, bien en sécurité. Qui s'attaquerait à elle ?

De beaux yeux !

Sont-ils ceux d'un lion, d'un léopard ou de tout autre animal féroce ? Non, ils appartiennent à un papillon sans danger !

Un pchitt ! mortel

Lorsqu'il est attaqué, le scarabée bombardier détient une riposte mortelle : il projette, telle une bombe, un produit acide brûlant, à une température de près de 100 °C.

Dernière défense

Quand elle est en danger, la chenille du papillon queue fourchue dresse sa tête aux couleurs vives, avertissant le prédateur qu'elle est venimeuse.

Le coup du weta

Surtout, ne dérangez pas le weta, sauterelle géante de Nouvelle-Zélande. En un éclair, il détend ses pattes arrière et frappe d'un coup sec.

Vrai ou faux ?
Certains insectes sont paresseux :
ils imitent parfaitement les couleurs
de ceux qui sont venimeux pour
dissuader les prédateurs. Sur ce
chardon en fleurs, peut-on distinguer
une abeille d'un syrphe ? L'abeille
est à gauche !

Petite maman

Beaucoup d'insectes rampants abandonnent leurs œufs à peine pondus et les laissent éclore seuls. D'autres assurent juste à leurs petits leur première nourriture. Mais quelqu[es] femelles sont de très bonnes mères.

Ne vous gênez pas !

Cette guêpe parasite pond ses œufs sur une chenille vivante qui, ne pouvant s'en débarrasser, doit les porter jusqu'à leur éclosion. Alors, les jeunes guêpes la dévorent. Aucune reconnaissance !

Nés vivants

Le puceron est une exception parmi les insectes. En effet, il donne naissance à des petits vivants, sans fécondation. S'ils survivaient tous, il pourrait en produire plusieurs millions en six mois. Mais, en réalité, beaucoup sont dévorés par d'autres insectes.

Une super maman !

La punaise réticulée élève attentivement ses petits. Elle dépose parfois ses œufs sur le dos des mâles pour qu'ils veillent sur eux jusqu'à l'éclosion. Et elle les défend farouchement contre les agresseurs.

La naissance d'un puceron

Tous sur mon dos !

La femelle scorpion est une très bonne mère. Après la naissance de ses petits, elle les nourrit et les porte sur son dos pendant deux semaines, jusqu'à ce qu'ils soient autonomes. Elle peut en porter 30 à la fois !

La métamorphose

À l'état adulte, certains insectes prennent peu à peu une forme très différente de celle de leur naissance : c'est la métamorphose. Des chenilles changent de façon soudaine et radicale, d'autres de façon lente et progressive.

1 La phase chenille...

Le morpho commun est d'abord une petite chenille poilue qui mange sans cesse jusqu'à ce que...

2 La phase chrysalide

... sa peau durcisse pour devenir une chrysalide. Une transformation se fait à l'intérieur...

4 ... un papillon !

Il déploie ses ailes froissées et s'envole ! Cette métamorphose est fréquente chez beaucoup d'insectes

3 La phase éclosion

... jusqu'à ce qu'un insecte radicalement différent sorte de la chrysalide. C'est...

La mue

Certains insectes changent lentement
en grandissant, comme cette libellule,
qui finit ici sa métamorphose.
Le squelette des insectes, extérieur
à leur corps, ne peut pas grandir.
Pour que l'insecte se développe,
il doit changer entièrement de peau :
c'est la mue.

Ça bourdonne !

Un bourdonnement dans le jardin ?
Il s'agit sûrement d'un insecte
piqueur, peut-être une abeille ou
une guêpe. Outre voler autour
des fleurs, ces insectes ont
de nombreuses activités : ils
se construisent d'étonnantes
maisons et savent vivre
en groupe.

Récolter le nectar

Au printemps et en été,
l'abeille ouvrière vole de
fleur en fleur pour collecter
le nectar qui servira à faire
du miel dans la ruche.

Une ruche en activité

Les abeilles vivent dans des ruches.
Elles y fabriquent des rayons de miel avec
la cire qu'elles produisent. Les cellules
hexagonales composant
la ruche enferment
le miel et les œufs
pondus par la reine.

Nectar en vue !

Quand une abeille découvre une
source de nectar, elle revient vite
à la ruche et effectue une sorte de
danse pour dire aux autres abeilles :
« Venez vite m'aider à la récolte ! »

Une légende chinoise raconte que Cai Lun (v. 50-121 av. J.-C.) inventa le papier en observant des guêpes qui construisaient leurs nids en « papier ». Comme elles, il mâcha et remâcha des bouts de bois dans l'espoir de produire du papier pour écrire, mais sans succès. Alors, il remplaça la salive par de la colle. Le papier était né !

Le goût du sucre

L'été, les guêpes agacent beaucoup les humains en venant bourdonner autour des fruits sucrés, qu'elles adorent. Mais elles ne piquent que si on les effraie en les chassant.

Construire un nid

Certaines guêpes vivent dans de grands nids construits dans une sorte de papier. La reine mâche du bois mort, le mélange à sa salive et laisse sécher cette matière où elle pondra ses œufs. Les nouvelles guêpes poursuivent la construction du nid pour l'agrandir.

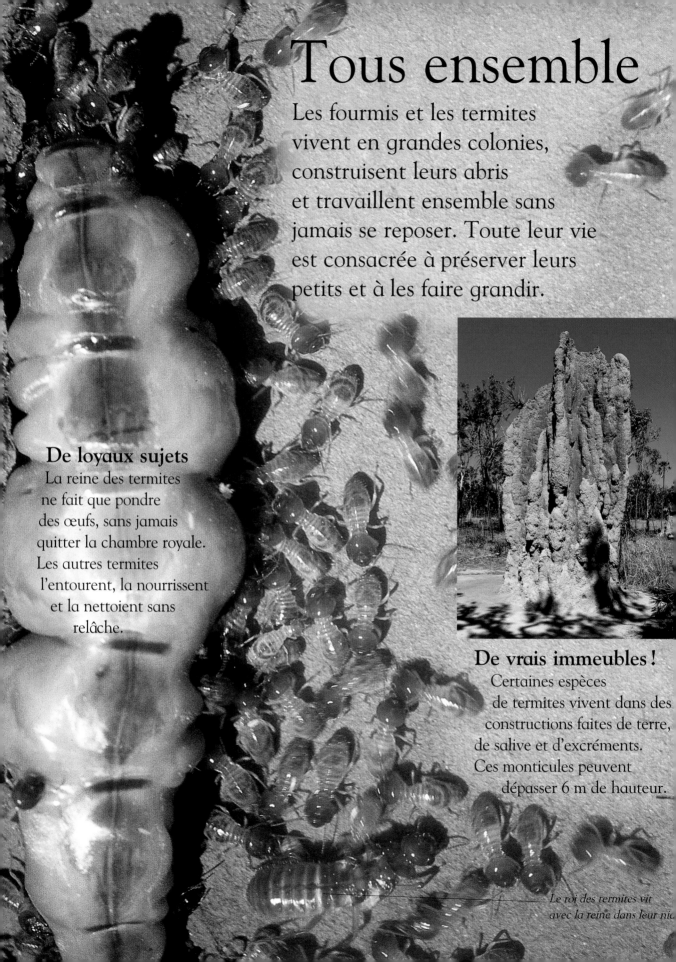

Tous ensemble

Les fourmis et les termites vivent en grandes colonies, construisent leurs abris et travaillent ensemble sans jamais se reposer. Toute leur vie est consacrée à préserver leurs petits et à les faire grandir.

De loyaux sujets

La reine des termites ne fait que pondre des œufs, sans jamais quitter la chambre royale. Les autres termites l'entourent, la nourrissent et la nettoient sans relâche.

De vrais immeubles !

Certaines espèces de termites vivent dans des constructions faites de terre, de salive et d'excréments. Ces monticules peuvent dépasser 6 m de hauteur.

Le roi des termites vit avec la reine dans leur nid.

Amis intimes

Fourmis et pucerons
s'échangent des services.
Les pucerons tirent
de la sève des arbres
un liquide sucré
recherché par les fourmis.
En retour, ces dernières
les protègent des
prédateurs.

Un gros appétit

La grosse fourmi *Myrmecia*
d'Australie saisit sa proie
entre ses puissantes mâchoires,
le tourne et la pique par-derrière.
Les insectes passant à sa portée
ont peu de chance de survivre !

*Bien des insectes se
nourrissent de pucerons.
Avoir des fourmis comme
gardes du corps est donc
pour eux la meilleure
des défenses.*

SERVICE DE NETTOYAGE

En Afrique, des colonies de plus
de 22 millions de fourmis
légionnaires traversent souvent
des villages. Ces fourmis,
aveugles et ne mesurant pas
plus de 1 cm, tuent tout ce
qu'elles rencontrent, même
les criquets et les scorpions.
Les villageois apprécient
ce grand nettoyage !

Un travail d'équipe

Certaines fourmis font leur nid
en tissant des feuilles. Chacune
tient une larve vivante entre
ses mâchoires et lui fait produire
de la soie, avec laquelle elle
assemble les feuilles. En cas
d'attaque, elles se défendent
en piquant l'agresseur.

La forêt pluviale

Personne ne sait combien d'espèces d'insectes peuplent la forêt pluviale, étant donné qu'on trouve sans cesse de nouvelles et qu'il en re probablement beaucoup à découvrir. Celles que nous connaissons sont parfois étonnantes

Une grosse tête

Pyrops candelaria est un insecte volant pourvu d'une tête très allongée à l'extrémité brillante. Certains sont énormes, avec une envergure de plus de 15 cm.

Le géant de la forêt pluviale

La scolopendre géante est très venimeuse. Elle court rapidement sur le sol de la forêt à l'aide de ses nombreuses pattes. Elle se nourrit d'insectes, parfois de crapauds, de lézards et de petits mammifères.

Une reine en plein vol

L'ornithoptère de la reine
Alexandra est le plus grand
et l'un des plus rares papillons
du monde. Son envergure peut
atteindre 28 cm.

Aïe ! Ça pique !

La chenille de *Heliconius
melpomene* a le corps
couvert de piquants qui
la protègent des prédateurs.
Elle se nourrit de feuilles
de plantes vénéneuses qui
lui procurent son propre
poison.

Effrayante et poilue

La mygale fouisseuse dort
pendant la journée dans son
abri tissé de soie. Puis, la nuit,
elle sort pour chasser de gros
insectes, qu'elle tue en leur
injectant son venin.

Les diables du sable

Il est difficile de vivre dans le désert, où peu de plantes poussent et où l'eau est si rare. Les insectes doivent se montrer très habiles pour survivre dans ces contrées les plus chaudes de notre planète.

Prêté et rendu

Les fourmis pot-de-miel ont des ouvrières qui stockent du miellat dans leur abdomen. Les jours de disette, toute la colonie peut ainsi puiser dans cette réserve de nourriture riche en sucre.

Un bijou du désert ?

La guêpe dorée vit en solitaire. Ici, elle pique une blatte en train de pondre ses œufs. Une nourritur de choix pour ses petits !

Le réservoir de la fourmi pot-de-miel peut devenir énorme.

De bons amis

La teigne du yucca
et le yucca lui-même
ne peuvent vivre l'un sans l'autre. La première assure
le transport du pollen de fleur en fleur, et sa femelle
pond ensuite ses œufs dans les graines de la plante,
ses chenilles se nourrissant des graines du yucca.

C'est bon, la rosée !

Le ténébrion a une astuce pour
boire. Il attend que la rosée
du matin se dépose sur son dos,
puis se penche en avant
pour la faire couler dans
sa bouche.

Un dard dans la queue

Le scorpion jaune du Languedoc
n'a pas besoin de boire, car il tire
du liquide des araignées et des
insectes qu'il capture. Sa piqûre
venimeuse peut être
mortelle pour
l'homme.

Les tapis du désert

Ces criquets pèlerins
se déplacent par milliers
pour se nourrir. Quand
ils se reposent au sol, ils sont
si nombreux qu'ils semblent
former un tapis compact.

Dans l'eau

Dans un plan d'eau immobile
et tranquille, il y a une vie intense.
Mais il faut ouvrir les yeux pour la
découvrir. En effet, beaucoup d'inse
vivent dans ou sur l'eau. Certains
peuvent même marcher à la surface

Un sous-marin !
Le dytique bordé est un véritable
goinfre aquatique. Il emplit d'air
une bulle sous ses ailes, ce qui lui
permet de respirer sous l'eau.
Il plonge pour capturer
des têtards et des
petits poissons.

En chasse

La gracieuse libellule vit à fleur d'eau. Très vorace, elle chasse sans arrêt des larves et de petits insectes.

Marche sur l'eau

Les gerris marchent sur l'eau, car ils ont des poils imperméables aux pattes. Ils rasent la surface de l'eau à la recherche de nourriture.

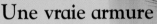

À la rame

La corise ponctuée, une punaise d'eau, ressemble vaguement à un petit bateau. Elle se tient juste sous la surface de l'eau et se déplace grâce à ses pattes postérieures semblables à des rames.

Le derrière en l'air !

Les larves de moustiques vivent dans l'eau. Pour respirer, elles montent à la surface et pointent hors de l'eau leur derrière en forme de tube creux.

Une vraie armure

La larve de la phrygane construit autour de son corps un fourreau protecteur constitué de sable, de coquillages et de végétaux.

Une araignée aquatique

L'argyronète forme sous l'eau une bulle qu'elle emplit de l'air inspiré à la surface. Elle s'alimente, se reproduit et hiverne dans cette cloche.

33

Les acariens

Cet acarien mesure 0,3 mm de long
et se nourrit des particules de peau
morte des humains. Il y en a des millions
dans les maisons, logés dans les matelas,
le mobilier et les tapis. Ils peuvent provoquer
des allergies : éternuements et troubles
respiratoires.

À la maison

Les insectes se sentent parfois si bien chez nous qu'il est difficile de les chasser ! Il faut même parfois s'accommoder de leur présence, d'autant qu'ils ne sont pas tous dangereux ou nuisibles.

Une araignée dans la maison

La tégénaire se cache dans les coins sombres de la maison. On la voit parfois courir sur le sol ou le long d'un mur pour attraper une mouche ou un autre insecte. Elle est donc utile.

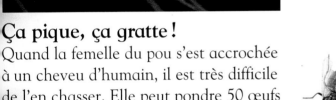

Ça pique, ça gratte !

Quand la femelle du pou s'est accrochée à un cheveu d'humain, il est très difficile de l'en chasser. Elle peut pondre 50 œufs (les lentes) à la base du cheveu. Elle provoque des démangeaisons, car elle suce le sang du cuir chevelu.

Alerte aux mouches !

Les mouches se posent souvent sur nos aliments : elles viennent y pondre, ou encore se nourrir du jus de certaines matières organiques.

Du balai !

Les blattes sont des hôtes indésirables. Elles mangent tout ce qu'elles trouvent de savoureux dans la maison. Et, une fois installées, elles sont difficiles à déloger !

Au crépuscule...

À la tombée de la nuit, certains
insectes commencent à s'éveiller.
Qu'ils se protègent des prédateurs
ou qu'ils cherchent de la nourriture,
l'obscurité est pour eux
un abri.

Le papillon-lune

Ce papillon ne s'envole qu'à
la nuit tombée, afin d'éviter d'être
mangé. Il n'a pas de bouche, car
il vit toute son existence en utilisant
la nourriture accumulée quand

Cette araignée attend le passage d'un insecte.

Lumière !

Lucioles et vers luisants ont dans l'abdomen un organe qui émet des signaux lumineux leur permettant de communiquer. Ils s'assemblent parfois par centaines pour attirer les femelles et se voient alors de très loin, comme ceux-ci, amassés dans un arbre.

La reine de la toile

Cette araignée tisse sa toile avant la nuit. Elle se suspend ensuite juste au-dessus et la jette comme un filet sur les insectes passant à proximité.

À retenir

● On entend souvent le chant des cigales le soir. Elles ont, sous l'abdomen, un organe qui cliquette bruyamment et produit de rapides vibrations.

● Les papillons de nuit sont attirés par la lumière électrique, qu'ils confondent avec celle de la lune, qui les oriente.

Lumière dans la nuit

Les vers luisants sont en fait des coléoptères : les lampyres. La femelle ne vole pas et luit en permanence pour attirer les insectes vers sa lumière, les saisir et les manger.

Étranges et merveilleux

Il y a tant d'insectes au comportement et à l'aspect étonnants qu'il faudrait plusieurs gros livres pour tous les présenter. En voici déjà quelques-uns.

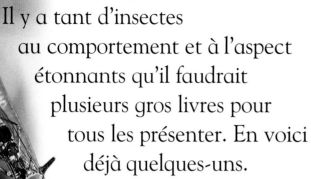

Comme ils sont étranges, ces yeux à l'extrémité des antennes !

Slurp !

Le papillon flambeau a des goûts bizarres en matière de nourriture. Il se pose sur les yeux d'un crocodile et boit ses larmes !

Qui l'emportera ?

Les yeux de ces insectes sont placés au bout de leurs antennes. Quand deux mâles se rencontrent, ils les comparent : celui qui a les plus longues aura les faveurs de la femelle.

Un cou à rallonge !

Pourquoi le scarabée girafe a-t-il un si long cou ? Nul ne le sait. Mais cela en fait un des insectes les plus étonnants !

La mante religieuse

À droite ou à gauche, de quel côté est-elle tournée ? À bien y regarder, sa tête est sur le côté droit. Ces étranges couleurs lui servent de camouflage.

Hors de notre monde
Au secours ! Les extraterrestres débarquent ? Pas du tout, ce n'est qu'une espèce de sauterelle au corps couvert d'épines et aux couleurs fluorescentes.

Les nuisibles

Ils ont beau être
minuscules, certains
insectes, en groupes
ou solitaires, n'en
causent pas moins
des dégâts considérables.
L'homme essaie de leur
résister… mais il est
souvent perdant !

Un flot de criquets

Attention, plusieurs millions
de criquets en vue ! Ils constituent
un véritable fléau, car ils peuvent
dévorer les récoltes de toute une
région en quelques heures. Lorsqu'ils
sont aussi nombreux, ils peuvent
même obscurcir le soleil.

L'affreux doryphore

En 1850, des cultivateurs s'installèrent
dans les montagnes d'Amérique
du Nord et y pratiquèrent la culture
des pommes de terre. Un insecte,
le doryphore, s'attaqua à cette plante,
puis se répandit sur tout le pays, ruinant
les producteurs de pommes de terre.

Mortel anophèle

L'anophèle est l'un des moustiques les plus dangereux. Quand il pique l'homme, il suce son sang et peut lui inoculer les germes du paludisme, maladie responsable chaque année de la mort de milliers d'hommes dans le monde.

Seules les femelles des moustiques sucent le sang humain.

La maladie de Chagas

Elle est provoquée par le triatome, un insecte qui suce le sang humain autour de la bouche. La personne piquée se gratte, ce qui provoque une plaie, s'infectant avec les excréments de l'insecte et entraînant la maladie.

Un sommeil mortel

Cette mouche tsé-tsé est pleine du sang qu'elle vient de sucer sur un humain. Elle ne cause pas qu'une démangeaison, mais aussi une affection mortelle, la maladie du sommeil.

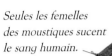

UN CONTE MACABRE

Autrefois, lorsqu'une personne mourait, les membres de sa famille la veillaient toute une nuit. Souvent, ils entendaient des petits coups provenant du cercueil en bois : tap ! tap ! tap ! Rien de mystérieux à cela : ce n'était pas le fantôme du défunt, comme les gens le redoutaient, mais les chenilles d'un insecte mangeur de bois, la vrillette, appelant leurs copines à venir faire un festin !

Les nettoyeurs

La nature a son service de nettoyage : des insectes nous débarrassent des plantes et des animaux morts ou des excréments. Remercions-les car, laissés à l'abandon, ces déchets formeraient des tas de substances gluantes et nauséabondes.

Voraces, les asticots !

Les mouches déposent leurs œufs sur les cadavres des animaux. Ces œufs donnent des larves de forme allongée, les asticots, qui se nourrissent de la chair en décomposition.

Boule de bouse

En Afrique, lorsqu'un tas de bouse se forme dans un champ où paissent des vaches, les bousiers entrent en action, chacun jouant son rôle. Le mâle roule une boule de bouse, l'emporte et l'enterre. La femelle y pond un œuf unique et, lorsqu'il éclôt, la larve mange la bouse.

La bande des nettoyeurs

Les iules vivent dans des lieux
humides et sombres. Ce sont
de bons nettoyeurs qui mangent
les feuilles mortes et les matières
en décomposition. Ce qu'ils laissent
se mêle ensuite au sol.

TOUT PROPRE

Lorsque les Européens arrivèrent en Australie,
ils y introduisirent des vaches. Les gens du pays
n'utilisaient les bousiers d'Australie que pour
nettoyer les peaux de kangourous. Mais
les vaches produisaient beaucoup de bouses,
qui attiraient les mouches, lesquelles
répandaient des maladies. On introduisit
des bousiers d'Afrique, qui se reproduisirent
vite et nettoyèrent les champs rapidement.

Le rôle des insectes

Les insectes tiennent un rôle important dans la vie des hommes, qui essaient souvent de s'en débarrasser. Pourtant, il est presque impossible de vivre sans eux.

Sucettes au criquet

Dans le monde entier, environ 500 espèces d'insectes nous fournissent de la nourriture. Ces criquets dans des sucettes ne sont-ils pas appétissants ?

Du bon miel

Les abeilles transportent du pollen de fleur en fleur, assurant leur fécondation. Elles nous fournissent aussi beaucoup de miel. Leur nombre diminue d'année en année et leur disparition serait tragique !

Des fils de soie

Les vêtements de soie proviennent… d'une chenille ! Celle d'un papillon, le bombyx du mûrier, qui produit un fil de soie que l'on tisse pour obtenir un tissu brillant et très doux.

Un vrai fléau !

Certains insectes, comme ces pucerons, se multiplient si vite qu'ils dévorent une grande partie des récoltes. Pour les éliminer sans pesticides, le mieux est d'utiliser d'autres insectes qui les mangent, comme la coccinelle.

La coccinelle est idéale contre les pucerons !

Glossaire

Voici la signification de certains termes
utilisés dans l'étude des insectes.

Abdomen Partie arrière du corps,
contenant les organes vitaux de
l'animal.

Antennes Deux appendices
allongés, placés sur la tête d'un
insecte, lui servant à toucher, sentir
ou entendre.

Arachnide Arthropode à 8 pattes.
Les araignées, les scorpions
et les acariens sont des arachnides.

Arthropode Invertébré au corps divisé
en segments et au squelette externe.
Les insectes, les arachnides
et les myriapodes sont des arthropodes.

Balanciers Organes en forme de
massues rencontrés chez les diptères.
Ils forment la deuxième paire d'ailes
et équilibrent l'insecte.

Bouse Excréments des ruminants
(vaches).

Camouflage Couleurs ou dessins du
corps permettant à certains animaux
de se confondre avec le milieu qui
les entoure pour éviter les prédateurs.

Colonie Groupe d'insectes de la
même espèce vivant, travaillant et se
reproduisant ensemble pour survivre.

Décomposition Pourrissement
de substances végétales ou animales
sous l'action de bactéries ou de
champignons.

Envergure Distance entre les
extrémités des ailes d'un animal
lorsqu'elles sont déployées.

Essaim Masse d'insectes, comme les
abeilles ou les criquets, s'assemblant
pour chercher de la nourriture.

Excréments Matières évacuées du
corps après digestion chez l'homme.
Chez l'animal, on parle de bouses
(vaches), crottins (chevaux), crottes
(chèvres), etc.

Fléau Groupe d'insectes causant
d'importants dégâts dans les cultures.

Glande Organe d'un insecte
(ou humain) sécrétant une substance
particulière (ex : glande à venin).

Hôte Animal, insecte ou humain,
hébergeant un parasite. Les humains
peuvent par exemple être les hôtes
de puces ou de poux.

Insecte Arthropode au corps divisé en 3 parties ou segments, et possédant 6 pattes. Certains sont piqueurs-suceurs : leur organe buccal est allongé pour percer la proie et en aspirer le contenu.

Larve Premier état d'un insecte (abeille, guêpe, scarabée…) avant l'âge adulte.

Maladie Altération de la santé provoquant une extrême faiblesse et pouvant entraîner la mort.

Métamorphose Passage à l'âge adulte d'une larve, dont l'aspect est différent de celui de ses parents.

Miellat Bouillie sucrée produite par les pucerons et dont se nourrissent les insectes, comme les abeilles et les fourmis.

Migration Déplacement, selon les saisons, de certaines espèces, afin de trouver une meilleure température ou davantage de nourriture.

Myriapode Type d'arthropode aux nombreuses pattes, plus couramment appelé mille-pattes.

Nectar Liquide sucré se trouvant dans de nombreuses fleurs.

Parfum Odeur agréable de certains liquides présents dans les fleurs et attirant les insectes.

Pollinisation Transport du pollen de l'étamine au pistil d'une fleur pour la féconder, produire des graines et permettre sa reproduction.

Pollution Dommages faits à un milieu naturel par des substances chimiques ou des déchets industriels.

Prédateur Animal chassant d'autres animaux pour se nourrir.

Proie Animal chassé par d'autres animaux pour les nourrir.

Récolte Ensemble de plantes cultivées, coupées et ramassées lorsqu'elles sont à maturité (blé, pommes de terre, etc.).

Rosée Vapeur d'eau se déposant la nuit sous forme de gouttelettes sur les végétaux.

Recyclage Traitement des matériaux afin de les réutiliser.

Ruche Habitat des abeilles.

Salive Liquide buccal facilitant la digestion des aliments.

Thorax Partie du corps de l'insecte située entre la tête et l'abdomen. Les pattes et les ailes y sont attachées.

Toile Structure en fils de soie gluante tissée par les araignées pour capturer d'autres insectes.

Trompe Tube souple prolongeant la région buccale de certains insectes et leur servant à aspirer des liquides.

Végétarien Animal ne se nourrissant que de végétaux.

Venin Poison injecté à un animal pour le paralyser ou le tuer.

Index

Remerciements

Dorling Kindersley remercie :
Dorian Spencer Davies pour les illustrations et Sarah Mills pour
ses services documentaires.

Crédits photographiques
L'éditeur remercie les personnes suivantes de l'avoir autorisé
à reproduire leurs photographies/images :h = haut ; c = centre ; b =
bas ; g = gauche ; d = droite ; t = tout en haut
BBC Natural History Unit : Bruce Davidson 42cgh ; Premaphotos
27bg. **Densey Clyne Productions :** Densey Clyne 47bd. **Bruce Coleman
Ltd :** Jane Burton 14cdh ; Andrew Purcell 32bc ; Kim Taylor 35bg.
Corbis : Anthony Bannister/Gallo Images 44bg ; **Michael & Patricia
Fogden :** 20tg ; Michael Freeman 44cd ; Dan Guravich 3. **Michael &
Patricia Fogden :** 16ch ; 31tg. **Frank Greenaway :** 29tg. **N.H.P.A. :**
Anthony Bannister 3gtd, 38cgh ; 37bc ; G I Bernard 20-21 ; Mark Bowler
17ch ; Stephen Dalton 6cdh, 6-7, 8cgb, 8cdb, 8-9, 13cdh, 35td, 35cgh ;

Daniel Heuclin 40cg ; Stephen Krasemann 18td ; Haroldo Palo Jnr 38td ; Peter
Pickford 26 ; Dr Ivan Polunin 36-37. **Natural History Museum :** 22-23, 48cdh.
Oxford Scientific Films : Katie Atkinson 27tg ; G I Bernard 33bg ; Jack Clark
5, 45c ; Fabio Colombini 2 ; S A L Cooke 41td ; Satoshi Kuribayashi 18cgh,
24tg ; London Scientific Films 23 ; Mantis Wildlife Films 37td ; L Martinez 13td ;
Paulo de Oliveira 7tg ; Tim Shepherd 15. **Papilio Photographic :** Robert Pickett
22cgh. **Premaphotos Wildlife :** Ken Preston-Mafham 17td, 19, 38tg. **Science
Photo Library :** Darwin Dale 37tg, 41cgh ; Eye of Science 34 ; Dr Morley Read
39 ; Nuridsany & Marie Perennou 44cg ; David M Schleser/Nature's Images
16-17 ; Jean-Philippe Varin/Jacana 30tg ; Kazuyoshi Nomachi 40-41 ; Art Wolfe
17tg ; Paul Zahl 13bg. **Telegraph Colour Library :** Hans Christian Heap 28cgh.
Woodfall Wild Images : Andy Harmer 13cgh ; Peter Wilson 14tg ; David
Woodfall 8-9. **Jerry Young :** 4c.

Couverture : 1er plat : Getty Images/The Image Bank (c) Shutterstock (h). Dos :
Shutterstock. 4e plat : Shutterstock (h, coccinelle) et DK Images (plantes).

Toutes les autres images © Dorling Kindersley Limited, London